을 길러주는

세계 문화 탐험 프로그램

세계사 여행

3

고대 1 - 통일제국의 등장 1

역사 전문 프로그램
✿감돌역사교실

세계사 여행 ✈ 〈3호 수업안내문 | 고대 1 – 통일제국의 등장 1〉

제목	학습목표	학습내용
1차시 오리엔트 문명	· 고대 메소포타미아 문명을 일군 나라들을 알고, 각 나라들의 문화재를 통해 그 특성을 이해한다. · 오리엔트 지역이 어디를 뜻하는지 알고, 오리엔트 문명의 특성을 이해한다.	01 바빌로니아 왕국 02 히타이트 왕국 03 페니키아와 헤브라이 04 오리엔트 문명
2차시 에게 문명	· 에게 문명을 이루는 크레타, 미케네, 트로이 문명의 문화재를 통해 그 특성을 이해한다. · 에게 문명이 무엇인지 알고, 에게 문명이 그리스 문명의 토대가 되었음을 이해한다.	01 에게 문명(청동기 문명) 02 크레타(미노아) 문명 03 미케네 문명 04 트로이 문명
3차시 그리스 문명	· 그리스의 자연환경과 폴리스의 성립 과정을 이해한다. · 폴리스를 연결하는 요소들을 통해 그리스 폴리스의 특성을 이해한다.	01 그리스 문명 02 그리스를 묶어 주는 끈 – 폴리스 03 그리스를 묶어 주는 끈 – 신화 04 그리스를 묶어 주는 끈 – 올림픽
4차시 페르시아 제국	· 서아시아 메소포타미아 지역의 통일 과정을 이해한다. · 서아시아를 통일한 페르시아 제국을 그리스 세계와의 연관 속에서 파악한다.	01 아시리아 02 페르시아 제국 03 왕의 도시, 페르세폴리스 04 페르시아 전쟁

이 달에 배우는 세계사 연표

기원전 1800년경	기원전 1600년경	기원전 1400년경
함무라비 왕 메소포타미아 통일	크레타 문명 전성기	히타이트 강성기(미케네 문명 전성기)

기원전 1000년경	기원전 800년경	기원전 776
페니키아, 헤브라이 왕국 번영	그리스 폴리스 성립	그리스 올림픽 경기

기원전 671	기원전 525	기원전 492~479
아시리아, 오리엔트 통일	페르시아, 오리엔트 통일	페르시아–그리스 전쟁

1 오리엔트 문명

 학습목표
- 고대 메소포타미아 문명을 일군 나라들을 알고, 각 나라들의 문화재를 통해 그 특성을 이해한다.
- 오리엔트 지역이 어디를 뜻하는지 알고, 오리엔트 문명의 특성을 이해한다.

학습내용

01 바빌로니아 왕국
02 히타이트 왕국
03 페니키아와 헤브라이
04 오리엔트 문명

공부하고 스스로 표시하기

기원전 1800년경 유프라테스 강 유역의 바빌로니아 왕국이 수메르 문명에 이어 메소포타미아 지역의 두 번째 주인공이 되어 번영을 누렸습니다.

● 고바빌로니아 왕국 함무라비 왕

바빌로니아 왕국에는 함무라비라는 위대한 왕이 있었다. 기원전 1792년부터 1750년까지 42년 동안 나라를 다스린 함무라비 왕은 법전을 만들어 유명해졌다.

"아누 신과 벨 신께서 나 함무라비를, 신을 두려워하는 사람을, 지엄한 군주로 임명하셨다. 그리고 이 땅을 정의로 다스리게 하셨다. 사악한 자와 악행을 일삼는 자들을 없애도록, 강자가 약자를 괴롭히지 못하도록 하셨다. 그러므로 나는 사마시 신과 같이 높은 곳에서 민중을 내려다보며, 온 세상에 빛을 비치리라. 인류를 복되게 하리라."

위와 같은 서문으로 시작되는 함무라비 법전은 총 282조이다. 손을 자르거나 귀를 도려내는 등 잔혹한 벌칙이 많지만 신분에 따라 일방적인 차별이 많았던 이전의 법에 비해, 당시로서는 공평하고 정의로운 법률로 평가받았

함무라비 법전

다. 그래서 함무라비는 이 법전이 태양신이자 정의의 신인 사마시의 도움으로 이루어진 것이라고 자신 있게 내세울 수 있었다. 함무라비 법전은 1901년 프랑스 고고학자 드모르강이 발견해 현재 프랑스 루브르 박물관에 소장돼 있다.

● 신바빌로니아 왕국 네부카드네자르 2세

고바빌로니아 왕국은 기원전 1530년경 멸망하고, 기원전 7세기말경 신바빌로니아 왕국이 세워졌다. 신바빌로니아 왕국에는 네부카드네자르 2세라는 유명한 왕이 있었다. 그는 예루살렘을 정복하고 수천 명의 사람들을 포로로 데려와 바빌론에서 살게 했다(바빌론 유수). 또한 함무라비 시대의

이슈타르 문(베를린 페르가몬 박물관)

영광을 되찾고자 대규모 건축 사업을 벌여 바빌론을 새롭게 정비했다. 먼저 유프라테스 강변을 따라 도랑을 파고 거대한 이중 성벽을 세우고, 도시로 들어가는 문을 8개 만들었다. 이슈타르 문을 지나 도시 안으로 들어가면 궁전과 신전, 지구라트(바벨탑)가 있다. 고향을 그리워하는 왕비를 위해 궁전 앞에 세웠다는 '공중정원'은 지금도 세계 7대 불가사의로 남아 있다. 바빌론은 1899~1917년에 걸쳐 콜데바이가 이끄는 독일 탐험대가 발견하여 이슈타르 문은 현재 독일 페르가몬 박물관이 소장하고 있다.

>> **1** 다음 함무라비 법전을 보고 물음에 답합시다.

석판 윗부분에는 태양신 사마시와 함무라비 왕이 부조돼 있다. 태양신은 발 아래에 저울을 딛고, 산을 표시하는 문양의 의자에 앉아 신성한 권력을 상징하는 홀을 든 오른손을 뻗고 있다. 함무라비 왕은 오른손을 가슴에 올려 기도하는 경건한 자세로 부조됐다. 이는 신으로부터 법전에 대한 영감을 받고 있는 모습을 묘사한 것으로 보인다.

함무라비 법전을 새긴 석판의 상부
(전체 높이 200cm, 부조 부분 높이 71cm)

함무라비 왕과 태양신을 찾아보세요.

신에게 법전을 받는 이유는 무엇일까요?

함무라비 법전은 어디에서 소장하고 있나요?

>> **2** 다음은 신바빌로니아 왕국의 문화재들입니다. 다음 문화재의 이름을 쓰고 그 용도가 무엇인지 말해 보세요.

02 히타이트 왕국

기원전 2000년경 아나톨리아 고원에 정착한 히타이트인은 기원전 1400년경 철제 무기를 앞세우고 주변 국가들을 정복하여 메소포타미아의 강자로 떠올랐습니다.

● 독일 고고학자 루우샨   히타이트의 수도 하투샤 발견

19세기 중반까지 히타이트는 전혀 알려지지 않은 고대 국가였다. 히타이트가 알려지기 시작한 것은 1888년에서 1892년에 걸쳐서 독일의 고고학자 루우샨을 중심으로 하는 조사단이 터키에서 거대한 성벽으로 둘러싸인 도시를 발굴하면서 시작됐다. 이곳이 바로 히타이트의 수도 하투샤이다.

하투샤에서는 많은 수의 점토판이 발견되었는데, 수많은 점토판이 해독되고서야 비로소 히타이트의 존재는 세상에 알려지게 되었다. 히타이트가 번성했던 아나톨리아 고원은 히타이트가 멸망한 뒤 4,5천년 동안 사람이 살았던 흔적을 찾을 수 없을 정도로 황폐해졌다.

㉠터키의 수도 앙카라에서 동쪽으로 200km 떨어진 지역의 보가즈쾨이라는 마을이 히타이트의 수도 하투샤로 확인되었다. 이 도시는 해발고도 900m의 기복이 많은 고원에 있다. 남북 2km, 이중의 성벽으로 둘러싸여 있다. 북쪽의 평지 지역에는 대신전과 왕궁 유적들이 흩어져 있고, 남쪽의 높은 지대에는 크고 작은 4개의 신전과 여러 가지 방어시설, 문 · 탑 · 지하도 등이 발견되었다. 왕궁의 유적에서 발견된 1만 장이나 되는 히타이트어 설형문서 (보가즈쾨이 문서)는 히타이트의 역사를 밝혀주는 중요한 단서가 되었다.

>> **1** 다음 지도에서 히타이트의 영역을 찾고, 히타이트가 있는 반도 이름을 쓰세요. 히타이트의 수도 하투샤를 ㉠을 참고하여 오른쪽 지도에 표시해 봐요. 히타이트는 현재 어느 나라인가요?

>> 2 히타이트의 수도 '하투샤'는 해발고도 약 900m 위에 8m 정도 높이의 성벽과 산으로 둘러싸여 있어요. 산 위에 수도를 정한 이유는 무엇일까요?

>> 3 아래 쪽 평지에는 마을과 대신전이 있고, 가장 높은 곳에 왕이 사는 왕궁이 있어요. 왜 왕궁을 신전보다 높이 지었을까요?

대신전 터　　　　　　　　왕궁 터

>> 4 히타이트가 대제국을 건설할 수 있었던 이유는 무엇일까요?

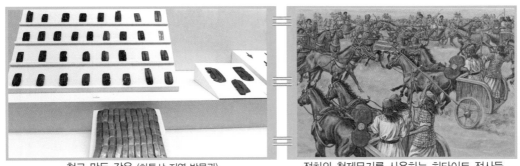

철로 만든 갑옷 (하투샤 지역 박물관)　　　전차와 철제무기를 사용하는 히타이트 전사들

03 페니키아와 헤브라이

기원전 1000년경 지중해 교역을 주도한 페니키아와 이스라엘 왕국을 세우고 유일신을 창시한 헤브라이에 대해 알아봅시다.

● 페니키아인 　알파벳 발명

기원전 1200년경부터 800년까지 페니키아인은 지중해 해안선을 따라 작은 도시 국가를 세웠다. 배를 만드는 솜씨가 뛰어났던 페니키아인은 아주 뛰어난 무역상인들이었다. 이들은 지중해 무역을 독점하고 아프리카 북부에 카르타고와 같은 많은 식민지를 세웠다. 페니키아인은 300년 동안 지중해 무역을 장악했기 때문에 아주 부유했다. 이들이 무

페니키아인들의 배

역 활동을 편하게 하기 위해 만든 표음 문자는 훗날 그리스에 전해져 알파벳의 기원이 되었다.

● 헤브라이인 　'유대교'(일신교)

헤브라이인은 기원전 1800년경부터 메소포타미아 지역에서 가축을 기르던 유목민으로, 오늘날 유대인의 조상이다. 〈구약성경〉은 가나안에 살던 유목민, 바로 헤브라이인의 이야기이다. 이곳에 가뭄이 들자 헤브라이인은 고향을 떠나 이집트에 가서 다른 여러 민족과 함께 노예 생활을 하다가, 기원전 1250년경 모세의 인도로 이집트에서 탈출했다(출애굽 혹은 엑소더스). 헤브라이인은 가나안에 살고 있던 여러 민족을 정복하고 기원전 1000년경 예루살렘을 수도로 정하고 팔레스타인에 정착하여 이스라엘 왕국을 세웠다. 이스라

엘은 솔로몬 왕이 죽은 뒤 북쪽은 이스라엘 왕국, 남쪽은 유대 왕국으로 갈라졌다.

당시 메소포타미아 지역에 살던 사람들은 많은 신들을 믿었다. 곡식이 잘 자라도록 도와주는 신, 전쟁에서 이기게 도와주는 신, 아이를 잘 낳게 도와주는 신 등. 이렇게 많은 신을 믿는 것을 다신교라 한다. 반면 헤브라이인은 오직 하나님 한 분만 믿었다. 무슨 소원이든 하나님 한 분에게만 빌었다. 이렇게 하나의 신만 믿는 것을 일신교라고 한다. 이스라엘은 아시리아에, 유대는 신바빌로니아에 멸망당하고 헤브라이인들은 세계로 흩어지게 되었지만, 이들은 유대교를 발전시켜 훗날 크리스트교와 이슬람교에 많은 영향을 주었다.

팔레스타인 : 오늘날 이스라엘 국가를 이루는 영토는 과거에 여러 가지 이름으로 불렸다. 가나안, 이스라엘, 유다, 유대 등이 모두 같은 지역을 가리키는 이름이다. 로마는 그 지역을 팔레스티나라고 불렀다. 팔레스티나의 영어식 명칭이 팔레스타인이다.

>> 1 페니키아인들이 활동했던 곳을 지도를 통해 살펴 봅시다. 페니키아는 현재 어느 나라인가요?

① 이름 : 레바논
② 수도 : 베이루트
③ 면적 : 10,400㎢
④ 인구 : 약 387만 명

페니키아인들이 활동한 바다는?

지도에서 페니키아인들이 세운 식민지를 찾아보세요.

레바논의 수도는 어디인가요? 에전엔 베리투스라고 불렀어요.

페니키아 문자

>> 2 기원전 1800년경부터 메소포타미아를 떠돌던 헤브라이인들이 어떻게 기원전 1000년경 가나안 땅에 나라를 세웠는지 알아봅시다.

1 다음 그림을 보고 헤브라이인들이 이집트에서 가나안으로 돌아가는 과정을 설명해 보세요.

2 가나안은 지중해와 요르단 강 사이에 있는 길쭉한 모양의 땅입니다. 가나안 땅을 찾아 색칠해 보세요.

3 헤브라이인들이 세운 이스라엘 왕국은 현재 어느 나라일까요?

4 메소포타미아 지역의 종교와 다른 유대교의 특징은 무엇인가요? 유대교의 영향을 받은 종교는 무엇인가요?

서아시아 지방 일대의 메소포타미아 문명과 이집트 문명을 합쳐 오리엔트 문명이라 부릅니다. 오리엔트 문명이 무엇을 말하는지 알아봅시다.

>> 1 다음은 메소포타미아 문명의 고대 도시들입니다. 메소포타미아 문명의 주인공들을 알아봅시다.

❶ 이집트와 달리 메소포타미아 지역은 많은 고대 도시들이 생겨나 서로 경쟁했습니다. 왜 그랬을까요?

이집트와 메소포타미아의 지리적 조건을 생각해 봐.

❷ 메소포타미아 고대 도시들이 성장하여 메소포타미아 문명을 발전시켰습니다. 위의 지도에서 고대 도시를 찾고, 현재는 그 곳에 어느 나라가 있는지 찾아 쓰세요.

고대 도시	고대 국가	현재의 나라
우르, 우루크	수메르	
바빌론	바빌로니아	
하투샤	히타이트	
예루살렘	이스라엘	
베리투스(베이루트)	페니키아	

❸ 메소포타미아 문명의 주인공들이 인류에게 남긴 문화유산은 무엇인가요? 아는 대로 말해 보세요.

>> **2** 다음 지도를 보고 물음에 답하며 고대 오리엔트 문명이 무엇을 말하는지 배워봅시다.

1 오리엔트란 무슨 뜻일까요? 누가 오리엔트라고 불렀을까요? 오리엔트는 어느 지역을 가리키나요?

Orient
'해가 뜨는 곳'

東 洋
동녘 동   서양 양

2 고대 오리엔트 지역은 이집트와 서아시아 일대를 가리킵니다. 고대 오리엔트에 속하는 <보기>의 지역을 위의 지도에서 찾아 표시하며 그 위치를 알아 둡시다.

이집트,   메소포타미아,   아라비아 반도,
소아시아 = 아나톨리아,   서아시아,

아나톨리아 : 오늘날 터키 영토의 대부분을 차지하는 반도. 이전에는 소아시아라고 불렀다. 아카드, 아시리아, 히타이트, 아르메니아, 로마, 셀주크 투르크, 오스만 제국은 아나톨리아에 있었던 중요한 나라들이었다. 아시아와 유럽을 연결하는 입지 조건을 갖추고 있어 수많은 문화적 교류와 충돌의 장이 된 곳이다.

3 다음 중 오리엔트 문명에 속하지 않는 것은?

①이집트 문명   ②메소포타미아 문명   ③헤브라이와 페니키아   ④그리스

오리엔트 문명의 주인공

다음은 오리엔트 문명의 주인공인 나라들입니다. 다음 지도에 각 나라의 영역을 표시해 보고, 관련 문화재나 그림을 찾아 이름을 쓰고 설명해 보세요.

보기 수메르 이집트 바빌로니아 히타이트 페니키아 헤브라이

2 에게 문명

학습목표

• 에게 문명을 이루는 크레타, 미케네, 트로이 문명의 문화재를 통해 그 특성을 이해한다.
• 에게 문명이 무엇인지 알고, 에게 문명이 그리스 문명의 토대가 되었음을 이해한다.

학습내용

01 에게 문명(청동기 문명)
02 크레타(미노아) 문명
03 미케네 문명
04 트로이 문명

공부하고 지도에 표시하기

> 에게 문명은 오리엔트 문화를 받아들여 기원전 2000년경부터 에게 해 주변에서
> 발달한 청동기 문명으로 크레타(미노아), 미케네, 트로이 문명을 말합니다.

≫ 1 에게 문명은 오리엔트 지역의 청동기 등 선진 문물을 전해 받아 성장했습니다. 지도를 통해 오리엔트 지역과 에게 해의 위치를 알아봅시다.

1️⃣ '해가 뜨는 곳' 오리엔트 지역에 해당하는 나라들을 찾아보세요.

2️⃣ 지도에서 에게 문명의 중심지인 에게 해를 찾아 색칠하세요.

3️⃣ 오리엔트 지역과 에게 해를 연결하는 바다 이름은 무엇인가요? 몇 개의 대륙에 둘러싸여 있나요?

地	中	海
땅 지	가운데 중	바다 해

Mediterranean Sea
지구의 한가운데 바다

≫ 2 에게 해는 크레타 섬과 그리스 본토, 소아시아 반도에 둘러싸인 동부 지중해 지역을 말합니다. 지도를 통해 에게 문명의 위치를 알아봅시다.

1 다음 지역을 지도에서 찾아보며 에게 해의 위치를 알아 둡시다.

그리스 본토

크레타 섬   소아시아

펠레폰네소스 반도

2 에게 문명을 구성하는 에게 해 주변의 세 개의 문명과 지역을 바르게 연결한 후 위의 지도에서 찾아보세요.

미노아 문명 ▪   ▪ 소아시아

미케네 문명 ▪   ▪ 크레타 섬

트로이 문명 ▪   ▪ 그리스 본토

≫ 3 지중해를 중심으로 오리엔트 문명과 에게 문명이 형성되었을 때 한반도에서도 최초의 나라가 생겨났습니다. 최초의 나라 이름과 어떤 도구를 사용했는지 말해 보세요.

청동검과 농경무늬 청동기

02 크레타(미노아) 문명

에게 문명은 크레타 섬의 미노아 문명에서 시작되었습니다. 미노아인들이 미케네와 트로이에도 청동기 문명을 전해 주었습니다.

● 영국 고고학자 에번스 크레타 문명 발견

영국의 고고학자 아서 에번스는 '미노타우로스 이야기'를 근거로 미로의 궁전을 찾아 나섰다. 1900년 드디어 크레타 섬에서 수많은 방과 창고가 계단과 복도로 복잡하게 연결되어 있어 들어가는 사람마다 길을 잃는 미로의 크노소스 궁전을 발견했다.

● 미노타우로스 이야기

전설에 따르면 미노스는 포세이돈 신의 힘을 빌려 여러 세력으로 나뉘어 있던 에게 해의 큰 섬 크레타를 통일했다고 한다. 그런데 크레타의 왕이 된 미노스는 포세이돈 신이 보내준 제물인 아름다운 황소를 희생시키는 것이 아까워 다른 소를 대신 제물로 바쳤다. 포세이돈 신은 화가 나서 미노스 왕의 왕비가 황소를 사랑하게 만들어 버렸다. 황소를 사랑한 왕비는 머리는 황소이고 몸뚱이는 사람 모양을 한 괴물 미노타우로스를 낳았다. 미노타우로스는 '미노스의 소'라는 뜻이다. 화가 난  미노스 왕은 한번 들어가면 도저히 출구를 찾을 수 없는 미로의 궁전에 미노타우로스를 집어넣었다. 사람고기를 먹는 미노타우로스 식성 때문에 미노스 왕은 해마다 아테네에서 각각 7명의 소년 소녀를 뽑아 산 제물로 바치게 했는데, 결국 이 괴물은 아테네의 영웅 테세우스에게 죽게 된다. 이 같은 괴물을 생각해 낸 배경에는 크레타 섬의 황소 숭배 관습이 깔려 있었을 것으로 추정한다.

>> **1** 미노스 왕이 살던 크노소스 궁전 벽화에서 황소를 찾아보세요. 황소는 어떤 존재였을까요?

크노소스 궁전의 황소 벽화

크노소스 궁전의 황소 공중제비 벽화

≫ 2 크노소스 궁전 벽에는 아름답고 화려한 벽화가 그려져 있어요. 벽화를 살펴보면서 크레타 섬에 살았던 사람들의 생활 모습을 알아봅시다.

> 돌고래는 모두 몇 마리일까요?

> 남자가 양손에 들고 있는 것은 무엇인가요?

> 두 그림의 공통점은 무엇인가요?

세 여인

백합꽃 왕자

> 여자는 모두 몇 명인가요?

> 그림 속에 백합꽃은 모두 몇 송이인가요?

> 사람들의 모습과 표정을 설명해 보세요.

기원전 2000년경 펠로폰네소스 반도로 이주해 1400년경 전성기를 이룬 미케네 문명에 대해 알아봅시다.

● 독일 고고학자 하인리히 슐리만 (미케네 문명 발견

1876년 독일 고고학자 하인리히 슐리만은 고대 그리스 시인 호메르스가 "길이 넓고, 금빛 찬란한" 도시라고 찬양한 펠레폰네소스 반도에 있는 미케네를 발굴했다.

● 금빛 찬란한 도시 (미케네 성

미케네 성은 거대한 돌을 쌓아 만든 성벽에 둘러싸여 있고 성으로 들어가려면 두 마리의 용맹한 사자가 새겨진 사자의 문을 지나야 한다. 두 마리의 사자는 성벽을 향하는 사람을 쳐다보며 침입자의 간담을 서늘하게 하는 상징물이다. 여섯 기의 무덤에서는 화려한 금, 은, 상아로 된 보물들이 발견되었는데, 그중 가장 훌륭한 것은 황금으로 된 마스크이다.

미케네 유적지에서 발견된 화려한 무덤에서 짐작할 수 있듯이 미케네 문명은 부유하고 강력한 왕들이 통치한 사회였다. 미케네인들은 크레타 섬 미노스 문명의 문자, 청동, 미술 등을 전해 받았다. 특히 미케네인들은 청동을 다루는 기술이 뛰어나 청동 검과 창으로 주변 도시들과 전쟁을 벌여 미케네의 영향력을 넓혀 나갔다. 기원전 1400년경 미케네는 지중해의 강자로 전성기를 누렸다.

>> **1** 미케네 문명은 어느 문명의 영향을 받았나요? 다음 두 황소 조각상을 비교해 보세요.

미노스 황소의 잔 ▶
(크노소스 박물관)

◀ 미케네 꽃을 단 황소
(아테네 고고학 박물관)

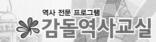
>> 2 화려한 문명을 남긴 그리스 펠레폰네소스 반도의 미케네 유적지를 살펴봅시다.

1 미케네 유적지에 들어가려면 무엇을 지나야 하나요? 이들의 역할은 무엇인가요?

미케네 유적지

사자의 문

2 왕의 무덤에서는 어떤 보물들이 발견되었나요? 보물들의 공통점은 무엇인가요?

>> 3 미케네인들이 화려한 보물을 남길 수 있었던 이유는 무엇인가요?

미케네 전사들이 그려진 토기

청동검

04 트로이 문명

기원전 1200년경 지중해 무역의 주도권을 놓고 미케네와 트로이 사이에 벌어진 전쟁 이야기인 '트로이 목마'로 유명한 트로이 문명에 대해 알아봅시다.

● 독일 고고학자 하인리히 슐리만 　트로이 문명 발견

고대 그리스 시인 호메로스가 쓴 〈일리아드〉에 그리스와 트로이의 10년 전쟁에 대한 이야기가 실려 있다. 전설로만 생각되었던 '트로이 목마 이야기'는 1870년 독일 고고학자 슐리만이 발굴하여 역사적 사실로 판명되었다.

● 트로이 목마 이야기

신들이 사는 올림포스 결혼 잔치에 초대받지 못한 불화의 여신 '에리스'가 아프로디테(미의 여신), 아테네(지혜의 여신), 헤라(제우스의 아내)에게 '가장 아름다운 여신에게'라고 쓰인 황금 사과를 던졌다. 세 여신이 서로 자기의 사과라고 다투다 목동 파리스에게 결정을 맡겼다. 파리스는 아름다운 여자를 아내로 맞이할 수 있게 해준다는 아프로디테 여신에게 사과를 주었다. 아프로디테 여신은 파리스에게 스파르타의 왕비 헬레네를 아내로 주었고, ㉠둘은 무역과 농사가 잘되어 풍족한 생활을 하던 트로이로 도망쳤다.

아내를 빼앗긴 스파르타 왕은 형인 미케네의 왕에게 도움을 청했다. 당시 에게 해 무역권을 두고 트로이와 경쟁하고 있던 미케네는 주변 도시를 연합하여 트로이를 공격했다. 10년 동안이나 갖은 노력을 다했지만 트로이를 함락하지 못했다. 왕은 오랫동안 끌어온 전쟁을 끝내기 위해 꾀를 내었다. 전쟁에서 패한 것처럼 물러나면서 병사가 숨어 있는 커다란 목마를 트로이 성 앞에 남겨 놓은 것이다. 트로이인들은 목마를 성 안으로 들여놓고 승리를 기뻐하며 잔치를 벌였다. 잔치가 끝나고 모두 잠이 들자 목마에 숨어 있던 군사들이 나와 트로이 성문을 열었다. 그리스 군대는 트로이 성으로 들어갔고 전쟁은 그리스의 승리로 끝났다.

>> **1** ㉠을 볼 때 미케네가 트로이를 공격한 이유는 무엇일까요?

에게 해 근처 곡창 지대였던 트로이

≫ 2 트로이 목마 이야기는 신화일까요? 슐리만이 발굴한 트로이의 신화 속 장소를 살펴봅시다.

1 어떤 신을 모시는지 알 수 없지만 거대한 신전이 발견되었어요. 다음 사진에서 제단과 제사에 사용한 우물을 찾아보세요.

2 다음 사진에서 트로이 목마가 지나갔던 길은 어디일까요? 길은 어디로 연결되었을까요?

트로이 유적지 – 트로이 왕궁으로 들어가는 마차길

왕궁 상상도

≫ 3 트로이 목마 이야기가 전설에서 역사적 사실로 된 이유는 무엇인가요?

◀ 터키 트로이 유적지에 복원된 트로이 목마

에게 문명의 유물들

다음 에게 문명을 이룬 크레타(미노스), 미케네, 트로이
문명의 유물을 소개해 보세요.

그리스

o트로이

미케네문명

트로이문명

올림피아o   o아테네
         o미케네
       o
스파르타

크노소스
o
크레타 섬 미노아문명

3 그리스 문명

공부하고 지도에 표시하기

01 그리스 문명

> 기원전 800년경 도시국가로 성장해 기원전 400년경 전성기를 맞은 그리스에 대해 알아봅시다.

>> **1** 다음 지도에 표시된 화살표를 따라가 보며 그리스 문명이 어떻게 탄생했는지 설명해 보세요.

>> **2** 그리스는 높은 산과 섬이 많아 지역 간에 교류가 쉽지 않아 큰 나라가 아닌 폴리스가 생겨났습니다. 폴리스에 대해 알아봅시다.

그리스인은 약 2000년 전 유럽의 남동부 지방에 살았다. 그리스의 지형은 평야가 적고 산지가 많아, 작고 고립된 촌락들이 폴리스라는 작은 도시 국가로 성장하였다. 여러 도시국가 중 가장 유명한 것은 스파르타와 아테네이다. 그리스는 이러한 도시국가들이 모여 탄생했다. 각 도시국가들은 자신들만의 법과 정부를 가지고 독립적으로 운영했지만 하나의 언어를 사용하고 같은 문화를 향유했다. 그리스에서 가장 강력한 도시국가는 아테네와 스파르타였다. 두 도시국가는 펠로폰네소스 반도에 있었다.

1 '폴리스'란 무슨 뜻인가요?

2 그리스 폴리스는 점차 늘어나 기원전 500년경에는 1000여 개나 되었습니다. 지중해 지역에 폴리스가 늘어난 까닭은 무엇일까요?

3 그리스의 대표적인 폴리스인 아테네와 스파르타를 찾아보세요.

>> 3 다음 O/X 퀴즈에 답하며 그리스 폴리스에 대해 배워 봅시다.

- 그리스 폴리스는 도시 국가이다. --------------------------------------- O X
- 그리스 폴리스들은 같은 언어와 종교를 가졌다. ----------------- O X
- 그리스 폴리스들끼리는 서로 전쟁을 했다. ----------------------- O X
- 그리스 폴리스는 서로 한 민족이라고 생각하지 않았다. ------ O X
- 가장 크고 힘이 강한 폴리스는 아테네와 스파르타였다. --------- O X
- 그리스 폴리스는 공통적으로 시장(아고라)과 신전(아크로폴리스)가 있었다.
  --- O X

>> 4 유럽 문화의 시작이자 바탕이 된 그리스를 살펴봅시다.

발칸 반도 국가들   그리스

1 그리스는 ○○반도 남쪽 끝에 있어요.

 반 도

2 다음 중 발칸 반도에 있는 국가가 아닌 나라는?

① 루마니아   ② 불가리아
③ 세르비아   ④ 이탈리아

3 그리스와 국경을 접하는 나라들을 지도에서 찾아 쓰세요.

① 이름 : 그리스
② 수도 : (   )
③ 면적 : 약 131,957㎢
④ 인구 : 약 1,076만 명

02 그리스를 묶어 주는 끈 - 폴리스

그리스는 각각의 폴리스들이 독립적으로 존재했지만 폴리스 내부의 모습은 같았습니다. 폴리스가 어떤 모습인지 알아봅시다.

● **폴리스**　아크로폴리스 + 아고라

　폴리스는 수호신을 모시는 신전이 있는 아크로폴리스와 시민들의 공공 생활 장소인 아고라로 구성되었다. 도시 한가운데 높은 언덕에 있는 아크로폴리스에서는 신에게 제사를 드리고 신의 계시를 받았다. 또 신전에 성벽을 쌓아 전쟁이 일어나면 신전으로 도망을 쳤다. 언덕 아래 평평한 땅에 있는 아고라는 그리스인들이 모여 생활하는 곳이었다. 시민들이 문화생활을 할 수 있도록 극장, 체육시설, 보건시설 등 다양한 공공시설이 있었다. 아고라의 중심에는 앞은 기둥들이 줄지어 서 있는 복도로 개방하고 뒤는 벽으로 막아 내부 공간으로 사용하는 스토아를 만들어 정치, 상업, 종교에 관련된 다양한 집회활동을 하였다.

» 1 다음 그림에서 아크로폴리스와 아고라를 찾고, 각각의 역할을 설명해 보세요.

Acropolis	Agora
akros(높다) + polis	Agorazo(사다)에서 유래

파르테논 신전

아크로폴리스

파르테논

아고라

나는 아고라를 돌아다니며 사람들에게 질문을 던졌던 **소크라테스**야. 그리스 사람들은 아고라에 모여 토론하면서 모든 사물에 대해 진지하게 생각했지. 그래서 철학이란 학문도 생겨났어.

>> **2** 그리스의 폴리스에는 뛰어난 철학자, 과학자들이 많았습니다. 다음 라파엘로의 〈아테네 학당〉(1511) 그림에서 다음 학자들을 찾아보세요.

플라톤과
아리스토텔레스

소크라테스와
알렉산더 대왕

디오게네스

헤라클레이토스

>> **3** 다음 아고라에서 발견된 물건의 용도를 찾아보며 그리스인들의 생활을 상상해 봅시다.

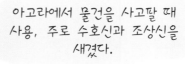

법정에서 사용하는 시간을 재는 도구. 물이 떨어지는 6분 동안 말할 기회를 준다. ○

아고라에서 물건을 사고팔 때 사용, 주로 수호신과 조상신을 새겼다. ○

그리스인들의 생활용품으로 평소에는 아기의 의자로 사용했다. ○

03 그리스를 묶어 주는 끈 – 신화

그리스를 중심으로 에게 해 주변에서 전해 내려온 신화를 그리스 신화라고 합니다. 그리스 사람들의 독특한 생각을 잘 나타내는 그리스 신화에 대해 알아봅시다.

● 인간을 닮은 올림포스 12신

그리스 신화에는 무수한 신들이 등장하지만, 강력한 힘을 지닌 주역급 신들은 최고신인 제우스를 비롯해 '올림포스의 12신'이다. 회의의 최종 결론은 이 12신의 다수결로 결정되었다.

나는 이집트 저승의 신 오시리스야. 이집트에서 신은 절대적이고 두려운 존재로, 이집트 지배자들은 자신을 신의 대리인이나 아들임을 강조했지. 이집트 신들은 소, 사자, 괴물 등의 모습으로 표현되기도 해.

나는 그리스 저승의 신 하데스야. 그리스 사람들은 각각의 폴리스와 집집마다 수호신이 있었지만 공통적으로 올림포스에 살고 있는 12신을 믿어. 나는 지하에 살아서 올림포스 12신에서 빠졌지. 그리스 신들은 인간과 똑같은 모습을 하고 인간처럼 사랑, 질투, 부부싸움을 하며 인간의 일에 자주 끼여들지. 그리스인들은 신을 두려워했지만 신들의 기분을 좋게 해주면 사람이 원하는 일을 도와줄 것이라 생각했어. 그리스인들은 죽음보다 현실의 행복을 바라고 현실 문제를 신이 도와주길 원해 신전을 짓고 신을 조각했어. 인간처럼 생긴 신을 조각하면서 오히려 인간에 대해 더 관심을 갖고 인간 중심적인 그리스 문화를 꽃피웠지.

>> **1** 이집트 신과 그리스 신의 차이점은 무엇인가요?

이집트

그리스

>> **2** 그리스 사람들이 신전을 짓고 신을 조각한 이유는 무엇인가요?

>> **3** 다음 올림포스 12신 조각상을 살펴보며 신들의 역할을 알아맞혀 보세요.

보기
번개 결혼 바다 지혜 전쟁 음악 사냥 달 태양 곡식 술
대장간 사랑 아름다움 삼지창 날개 소식 최고의신 최고의 여신

제우스   헤라   포세이돈   아테나

디오니소스   데메테르   헤르메스   아프로디테

아폴론   아르테미스   헤파이스토스   아레스

내가 가장 좋아하는 신은?

올림포스 12신 이외에 어떤 신이 있을까?

그리스 폴리스들이 같은 신들을 섬기는 한 민족이라는 것을 보여주는 고대 그리스 올림픽에 대해 알아봅시다.

● 신에게 바치는 올림피아 제전

기원전 776년부터 제우스 신전이 있는 그리스 서남부에 위치한 폴리스 올림피아에서 4년에 한 번씩 모든 폴리스가 함께 참가하는 올림피아 제전이 열렸다. 고대 그리스인들은 신들에게 제사를 드릴 때 시를 읊거나 여러 가지 운동 경기를 열었다. 그리스의 폴리스들은 같은 신을 섬기는 같은 민족이라는 의식이 강했기 때문에 함께 모여 시와 운동 경기로 올림포스 신들에게 제사를 드렸다. 올림피아 제전이 시작되면 모든 폴리스가 전쟁을 중단했다.

올림피아 제전은 죄를 짓지 않은 그리스 남자만 출전할 수 있었고, 공정한 경기를 위해 옷을 벗고 경기를 진행해 결혼한 여자는 구경조차 할 수 없었다. 고대 그리스에서는 남자만이 인간의 권리를 가진다고 생각했다.

3일 동안의 평화 축제는 마차 경주로 시작한다. 가장 중요한 경기는 사냥꾼이 맹수를 사냥하는 모습을 본떠서 만든 달리기, 창던지기, 멀리뛰기, 원반던지기, 레슬링이다. 경기는 신에게 바치는 제사이기 때문에 속임수를 쓴 선수는 퇴장당하고 다시 경기에 출전할 수 없었다. 경기의 승자는 올리브 가지를 엮어서 만든 화관을 얹어 주고 종려나무 가지와 붉은 양털 띠를 받는데, 그때 당시 최고의 영웅으로 인정받았다.

고대 그리스에서 시작된 올림피아 제전은 393년 로마 제국 때 중단되었다가, 이후 1896년 프랑스의 쿠베르탱이 그리스의 정신을 이어받아 세계인의 평화를 기원하는 스포츠 축제로 만들었다.

>> **1** 올림피아 제전이란 무엇인가요? 다음 지도에서 올림피아를 찾아봐요.

Olympia
올림피아

祭 典
제사 제 의식 전

그리스 올림피아

>> **2** 그리스인들은 왜 올림피아 제전을 했나요?

>> **3** 올림피아 제전에 참가할 수 있는 자격은 무엇인가요?

>> **4** 그리스인들은 일상에서 사용하는 도기에 올림피아 제전의 생생한 경기 장면을 담았어요.

1 도기 속 경기 모습을 살펴보면 어떤 경기인지 말해 보세요.

2 다음은 레슬링과 달리기를 하는 모습이 그려진 도기입니다. 경기의 승자는 누구일까요?

3 경기에서 승리하면 어떤 상을 받게 되나요?

◀ 올리브나무 모양의
황금 월계관

승자에게 붉은 양털 띠와 ▶
종려나무 가지를 주고 있는 장면

그리스 도기 만들기

그리스인들은 도기에 신화, 올림피아 제전, 자신들의 생각과 생활 모습 등을 그렸습니다. 그리스 문명에 대해 배운 내용 중 가장 기억에 남는 내용을 도기에 그리고 설명해 보세요.

4 페르시아 제국

공부하고 지도에 표시하기

01 아시리아

티그리스 강의 작은 도시국가에서 출발한 아시리아는 기원전 671년 메소포타미아 지역과 이집트를 정복하여 오리엔트 세계를 최초로 통일했습니다.

● 최초로 말 달리면서 활 쏠 수 있는 최강의 군대 보유

티그리스 강 유역에 살았던 아시리아는 현재의 이라크·이란·시리아·아라비아·이집트·터키·이스라엘 등을 포함한 거대한 땅을 차지했다. 아시리아가 크고 강대한 제국으로 성장할 수 있었던 것은 그들이 보유한 최고의 군대 덕분이다. 세계사에서 최초로 기마대를 육성한 국가는 아시리아였다. 이들은 보병을 비롯해 돌팔매병·공병·전차병과 기마대까지 보유하여 당대 최강 제국으로 부상할 수 있었다.

● 영국 고고학자 A.H.레이어드　　니네베 발굴

　1850년 영국의 고고학자 A.H. 레이어드가 아시리아의 수도 니네베를 발굴하여 고대 아시리아의 아슈르바니팔 왕의 도서관 유적을 밝혀냈다. 거기서 설형문자가 새겨진 점토판이 발굴되었고, 이후에도 계속 발굴이 진행되어 오늘날에는 약 3만 5천 장에 이르고 있다. 레이어드는 점토판 수천 개와 석고 부조(모양을 도드라지게 새긴 조각) 수집품들을 영국으로 가져가, 현재 아시리아 유물의 상당 부분은 대영박물관이 소장하고 있다.

● 아슈르바니팔 도서관　　점토판과 조각들

　아슈르바니팔 왕은 엄청난 문화와 예술의 후원자였다. 그는 스스로 문자를 해독할 수 있었고 수학을 알았으며 이것을 항상 자랑으로 여겼다. 그는 고대 메소포타미아 지역의 책들을 체계적으로 수집하여 니네베에 인류 최초의 도서관을 세웠다. 그때까지 나온 모든 문자와 서적(점토판)을 조사·수집하여 목록과 사본을 만들어 보관했다. 여기에는 인간, 동물, 식물, 해, 달, 별의 움직임 등의 관찰을 기초로 한 천문학, 수학 등의 책, 수메르·아카드 및 기타 언어를 사전 형식으로 편찬한 책, 〈천일야화〉의 원형으로 보이는 이야기들, 신화와 설화, 특히 〈길가메시 서사시〉도 12장 발굴되었다.

　또한 아슈르바니팔 왕은 니네베에 궁전을 지었는데, 여기에 수많은 역사적 사건들을 조각으로 새겨 장식했다. 이러한 조각은 다른 아시리아의 작품보다 훨씬 발전된 것으로 많은 부조들이 놀라운 사실성을 보여주고 있다.

>> **1** 아시리아가 통일한 지역을 다음 지도에서 찾아 표시하고, 아시리아의 수도 니네베를 찾아보세요. 아시리아의 후손들이 만든 나라는 현재 어느 나라일까요?

① 이름 : 시리아
② 수도 : (   )
③ 면적 : 185,180㎢
④ 인구 : 약 2,245만 명
⑤ 종교 : 이슬람교(90%)

>> **2** 다음 아시리아의 부조를 감상해 봅시다. 알맞은 제목을 찾고 무엇을 묘사한 장면인지 말해 보세요.

| 사자를 사냥하고 있는 아슈르바니팔 왕 | 계곡을 건너는 기병 |
| 아시리아 기마대 | 사냥하는 아시리아 왕의 모습 |

02 페르시아 제국

비옥한 초승달 지역 동쪽에 살던 페르시아인은 아시리아에 이어 기원전 525년 오리엔트 지역을 다시 통일하여 페르시아 제국을 세웠습니다.

● 이란 건국의 아버지 키루스 2세

 페르시아인은 카스피 해 북동쪽에서 남쪽으로 내려와 페르시아 만 일대 파르스(Fars) 지역에 정착한 유목 민족이다. 캄비세스 1세가 메디아 왕국 공주와 혼인한 후 아들 키루스 2세가 외할아버지의 나라 메디아 왕국을 정복하고 나라 이름을 메디아에서 페르시아로 바꿨다. 페르시아는 이란 남서부 지방의 옛 명칭 파르스에서 비롯된 것이다.

 키루스 2세는 이란 건국의 아버지로 추앙받고 있는데, 키루스란 고대 페르시아어로 '태양'을 뜻하고 '황제'를 부르는 말이기도 하다. 키루스 2세는 금광이 많았던 리디아를 정복하고, 높고 단단한 성벽이 둘러싸고 있었던 바빌론까지 공격했다. 키루스 2세는 유프라테스 강 위에 세워진 바빌론 성을 무너뜨리기 위해 댐을 세워 강물을 한쪽으로 돌리고 바닥이 드러난 강을 따라 바빌론 성 안으로 들어갔다. 기원전 538년 대제국 바빌로니아는 제대로 저항 한번 하지 못하고 무너졌다. 키루스 2세는 메디나, 리디아, 신바빌로니아를 멸망시키고, 페르시아는 메소포타미아 지역을 통일하여 페르시아 제국을 건설했다.

>> **1** 페르시아는 현재 어느 나라인가요? 고대 페르시아 제국 영역에 속하는 나라들을 현재 지도에서 찾아보세요.

기원전 5세기 페르시아 제국 영토

현재 지도

① 이름 : (   )
② 수도 : 테헤란
③ 면적 : 1,648,195㎢
④ 인구 : 약7,985만 명
⑤ 종교 : 이슬람교 (98%)

>> 2 페르시아 제국이 유목 민족에서 메소포타미아를 통일하는 과정을 지도를 통해 살펴봅시다.

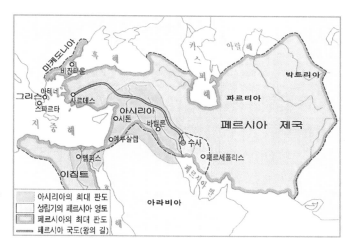

1 페르시아인들이 유목 생활을 하던 카스피해와 페르시아인들이 이동한 페르시아 만을 찾아보세요.

2 페르시아인들이 정착한 파르사 지역을 표시해 보세요.

Fars → Fersia

3 당시 메소포타미아 최고의 제국인 바빌로니아 제국을 찾아보세요.

4 키루스 2세는 세계 최고의 도시인 바빌론을 어떻게 정복했나요?

키루스 2세가 바빌론을 점령했다는 내용이 적힌 돌 도장

>> 3 키루스 2세를 이란 건국의 아버지라고 부르는 이유는 무엇일까요?

키루스 2세 기념비

키루스 2세의 무덤

03 왕의 도시, 페르세폴리스

기원전 518년 정복왕 다리우스 1세가 지은 왕의 도시 페르세폴리스를 통해 전성기 페르시아 제국의 모습을 살펴봅시다.

● 정복왕 다리우스 1세   페르세폴리스 왕궁

페르시아 제국은 3대 왕 다리우스 1세(재위 기원전 522~486년)때 전성기를 맞이했다. 다리우스 1세는 인더스 강 유역과 발칸 반도의 트라키아까지 정벌하여 고대 세계에서 가장 먼저 아시아, 유럽, 아프리카, 아시아를 연결하는 대제국을 건설했다. 당시 페르시아가 정복하고 통치한 속국이 23개국

페르세폴리스

이나 되었지만, 페르시아는 자신의 언어와 문화를 강요하지 않고 각 지역의 뛰어난 문명들을 섭취하고 조화시킨 복합 문명국이었다. 또 수도를 중심으로 전국의 요충지를 연결하여 2,500km에 걸친 '왕의 길' 을 만들어 상인들이 보통 3개월 정도 걸리던 길을 왕의 사자들은 1주일 만에 갔다고 한다.

다리우스 1세는 기원전 515년 행정 수도인 '수사' 외에 종교와 외교 행사를 위한 왕의 도시 페르세폴리스를 지었다. 페르세폴리스는 그리스어로 '페르시아의 도시' 라는 뜻이다. 입구의 대계단과 만국의 문, 아파다나 궁 등 많은 건축물들의 가치를 인정받아 1979년 유네스코 세계문화유산으로 등재되었다. 다리우스 1세는 일 년 중 몇 개월은 반드시 페르세폴리스에 머물며 페르시아 왕국의 권력을 보여주었다.페르세폴리스의 아파다나 궁전 벽에는 23개국 사신들의 조공 행렬도가 그려져 있는데, 페르시아의 관용과 포용 정책이 잘 드러나 있다.

>> **1** 다리우스 1세 때 페르시아 제국의 영토와 왕의 길을 찾아 표시해 보세요.

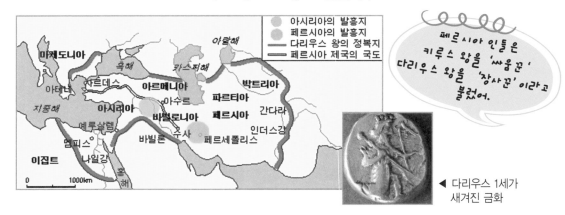

페르시아 인들은 키루스 왕을 '싸움꾼' 다리우스 왕을 '장사꾼' 이라고 불렀어.

◀ 다리우스 1세가 새겨진 금화

>> 2 페르세폴리스의 아파다나 궁전 벽에는 23개국 사신들이 왕에게 바칠 선물을 들고 서 있는 조공 행렬도가 그려져 있습니다. 어느 나라 사신인지 알아맞혀 보세요.

보기

양을 몰고 온 아시리아 사신
황금 병을 바치러 오는 아르메니아 사신
모자를 쓰고 소를 데리고 온 바빌로니아 사신단

아르메니아 - 말
레바논 - 금반지
바빌로니아 - 소
페르시아 - 칼

04 페르시아 전쟁

페르시아 제국과 그리스는 지중해를 서로 장악하기 위해 대립하다가 결국 전쟁을 벌였습니다. 어느 나라가 승리했는지 알아봅시다.

● 다리우스 1세 | 그리스를 공격하다!

기원전 5세기 페르시아가 대제국으로 성장하고 있을 때 에게 해 건너 그리스의 도시 국가인 아테네와 스파르타도 상당한 발전을 이루고 있었다. 농사가 잘되는 평야 지대에 있던 스파르타는 풍부한 먹을거리와 혹독한 군사 훈련으로 그리스의 가장 큰 도시가 되었고, 스파르타 다음 가는 아테네는 산이 많아 일찍부터 해상 무역으로 부를 쌓았고, 시민들 간의 토론과 협의로 민주 정치가 발달했다.

페르시아 전사를 쓰러뜨리는 그리스군의 모습

㉠기원전 500년 페르시아의 지배를 받고 있던 이오니아 지방 폴리스들이 반란을 일으키자 아테네가 도와주었다. 페르시아의 다리우스 1세는 반란을 도와준 아테네에게 크게 분노하고 이를 계기로 3차에 걸쳐 페르시아 전쟁이 시작된다.

● 마라톤 전투, 테르모필레 전투, 살라미스 해전

그리스 폴리스는 아테네와 스파르타를 중심으로 그리스 연합군을 구성하여 페르시아의 침입에 대항했다. 페르시아의 1차 침입은 폭풍우를 만나 제대로 싸워 보지도 못한 채 끝나고, 기원전 490년 마라톤을 2차 침입했다. 아테네는 죽기를 각오하고 만 명의 군대로 5만 명의 페르시아 군과 싸워 승리했다.

두 번의 실패 후 다리우스 1세가 죽고 아들 크세르크세스가 페르시아의 왕이 되었다. 기원전 480년 크세르크세스는 50만 대군을 이끌고 그리스를 침략해 테르모필레에서 300명의 스파르타 전사와 싸웠다. 군사력의 차이로 스파르타 군은 전멸하고 테르모필레를 잃었다.

그 해 가을 그리스 해군은 유리한 지형을 이용해 기동력을 발휘해 살라미스에서 페르시아 해군을 크게 물리쳐 페르시아 전쟁의 승기를 잡았다. 기원전 449년 페르시아가 제국 내 그리스 폴리스의 독립을 인정하며 페르시아 전쟁은 막을 내렸다. 이 전쟁 이후 그리스는 지속적인 발전을 거듭하고, 페르시아 제국은 몰락의 길을 걷게 되었다.

그리스 중장보병

페르시아 군(다리우스 궁전 부조)

>> **1** 다음 지도를 보고 물음에 답하며 페르시아−그리스 전쟁의 진행 과정을 이해합시다.

페이디페스의 동상

1 위의 지도에서 아테네와 스파르타를 찾아보세요.

2 아테네는 왜 ⊙처럼 이오니아 지방 폴리스를 도와주었을까요? 지도에서 이오니아 지방을 찾아보세요.

3 그리스 병사 페이디페스가 마라톤에서 아테네까지 40km를 달려가 시민들에게 승리의 소식을 전한 후 사망했다는 전설이 전해지는 전투는?

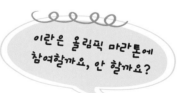
이란은 올림픽 마라톤에 참여할까요, 안 할까요?

4 페르시아 크세르크세스 50만 대군과 스파르타 300명 전사가 싸운 전투는?

5 크세르크세스의 페르시아 해군이 그리스 해군에게 대패한 해전 이름은?

6 페르시아와 그리스의 전쟁은 어느 나라의 승리로 끝났나요?

오리엔트 세계와 그리스 세계

이번 달에는 고대 오리엔트 세계와 그리스 세계를 배웠습니다. 각 문명의 지도를 중앙의 큰 지도에 표시하며 3호에서 배운 내용을 정리해 봅시다.

2 에게 문명

3 그리스 문명

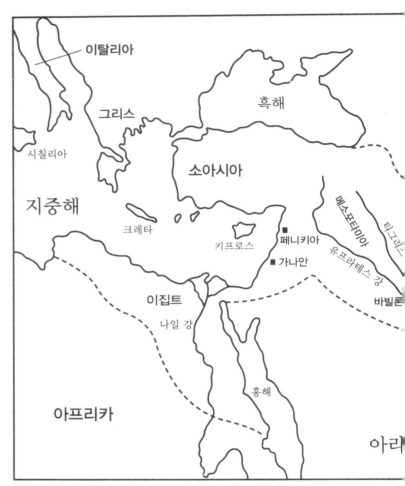

1 오리엔트 문명

페르시아 제국

아랄 해

소아시아
히타이트
메소포타미아
아시리아

지중해

이란 고원

시돈
티루스
예루살렘

바빌론
우루크

기제
멤피스
헤브라이
라가시 우르

아라비아 반도

테베

0   500km

이집트 신왕조의 최대 영역
바빌로니아의 최대 영역

스피 해

사

■ 페르세폴리스

인더스 강

인도

페르시아 만

아라비아 해

4 페르시아 제국

마케도니아
비잔티움
흑 해

카스피 해

아랄해

박트리아

그리스
아테네
스파르타
사르데스
아시리아
시돈
바빌론
수사
파르티아
페르시아   제국

지중해
예루살렘

페르세폴리스

멤피스

이집트

페르시아 만

아라비아
해

아시리아의 최대 판도
성립기의 페르시아 영토
페르시아의 최대 판도
페르시아 국도(왕의 길)

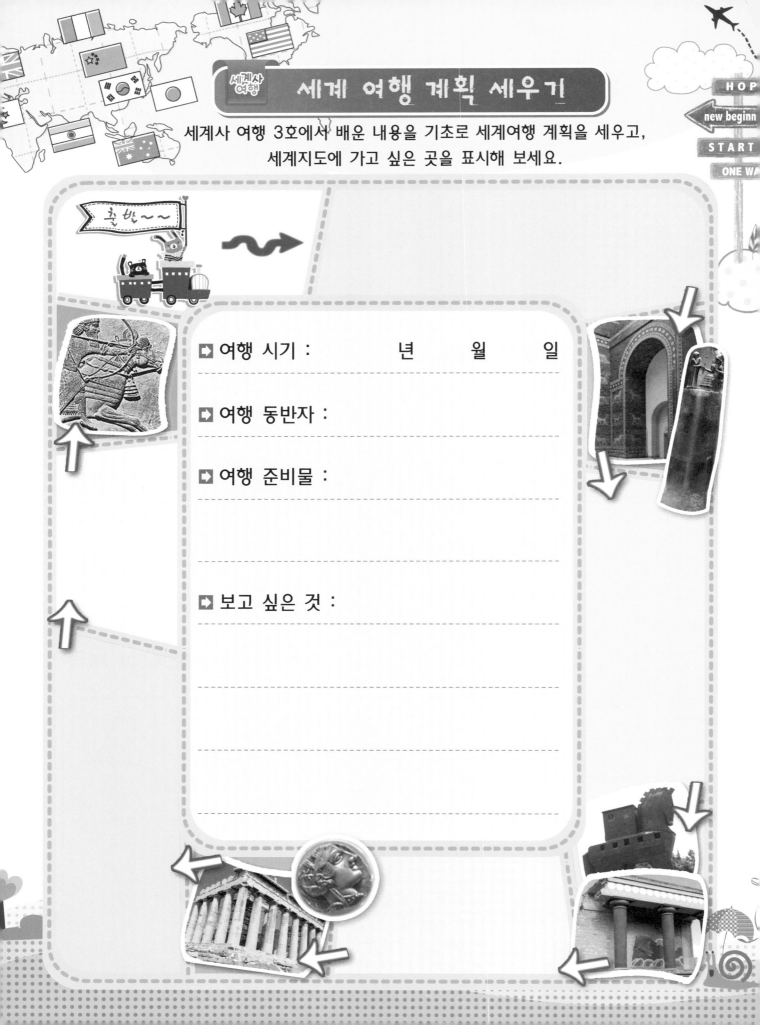

세계 여행 계획 세우기

세계사 여행 3호에서 배운 내용을 기초로 세계여행 계획을 세우고,
세계지도에 가고 싶은 곳을 표시해 보세요.

출발~~

▶ 여행 시기 :　　　　년　　　월　　　일

▶ 여행 동반자 :

▶ 여행 준비물 :

▶ 보고 싶은 것 :

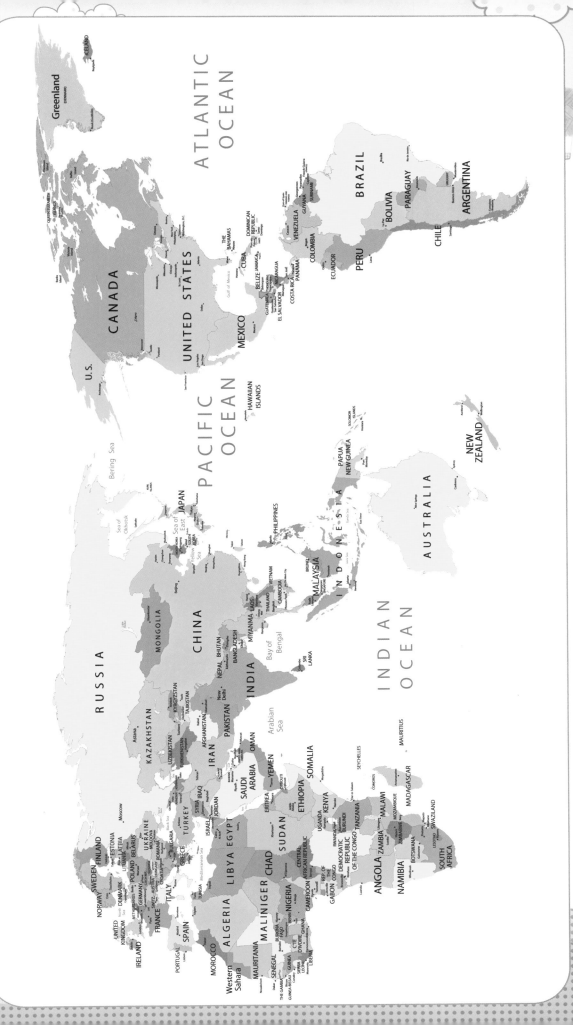

MEMO (알림장)

1차시 오리엔트 문명 · 3쪽~

01. 바빌로니아 왕국

1. 함무라비 왕 : 왼쪽, 태양신 샤마시 : 오른쪽 / 함무라비 법전이 태양신 샤마시의 뜻에 따라 만들어진 것을 보여주기 위해서 / 프랑스 루브르 박물관
2. 이슈타르 문 : 왕궁 출입문 / 지구라트(바벨탑) : 신전 / 궁전 터 : 왕이 살던 궁전 / 공중정원 : 정원, 식물원

02. 히타이트 왕국

1. 히타이트가 있는 곳을 왼쪽 지도에서 찾아본다. 소아시아 반도 / 왼쪽 지도에서 보이즈쾨이(하투샤)를 찾고, 오른쪽 지도에서 앙카라 동쪽에 표시한다. / 터키
2. 적의 침입을 살피고 적이 쉽게 침입하지 못하도록
3. 왕궁이 신전보다 더 높은 곳에 위치한 이유는 신보다 왕을 더 중요하게 생각했기 때문에
4. 오리엔트 지역에서 최초로 철기를 사용하고, 전차를 만들어 사용했기 때문에(전쟁시 전차는 3명이 탔다. 전차를 모는 사람이 가운데 서고, 양쪽에 창과 방패를 든 사람이 탔다.)

03. 페니키아와 헤브라이

1. 레바논 / 지중해 / 랩티스, 사브라타, 카르타고, 히포, 누미디아, 말라카, 팅기스, 카르타고노바, 코르시타 섬, 샤르데냐 섬, 카랄라스 / 베이루트
2. **1** 가나안 땅에 가뭄이 들자 헤브라이인들은 이집트로 이동했고, 이집트에서 노예 생활을 하게 되었다. / 이집트 파라오는 하나님을 믿는 헤브라이 사내아이들을 모두 죽이라고 명령했고, 죽음을 피해 강에 버려진 모세를 이집트 공주가 발견하고 아들로 키웠다. / 어른이 된 모세는 자신이 헤브라이인이라는 것을 알고 노예 생활을 하던 헤브라이인들을 이끌고 이집트를 탈출해 홍해를 건너 광야를 지나 가나안 땅으로 돌아간다.
   2 지도에 가나안 땅을 표시해 본다.
   3 이스라엘
   4 신은 하나님 한 분뿐이다.(유일신) / 크리스트교, 이슬람교

04. 오리엔트 문명

1. **1** 이집트는 사막과 바다가 외부의 침입을 막아 주지만, 메소포타미아 지역은 외부의 침입을 막아 줄 산이 없고 주변이 넓게 펼쳐져 있어 다른 민족의 침입을 많이 받았기 때문에 여러 나라가 세워졌다 망하기를 반복했다.
   2 이라크 / 이라크 / 터키 / 이스라엘 / 레바논
   3 쐐기문자, 지구라트(바벨탑), 공중정원, 이슈타르 문 등 자유롭게 말해 본다.
2. **1** 해가 뜨는 곳, 서양의 동쪽 / 유럽인 / 이집트와 서아시아 지역
   2 이집트, 메소포타미아, 아라비아 반도, 소아시아를 지도에서 찾아 표시한다. 서아시아는 이집트를 제외한 메소포타미아, 아라비아 반도, 소아시아를 모두 가리킨다.
   3 ④ 그리스

2차시 에게 문명 · 13쪽~

01. 에게 문명(청동기 문명)

1. **1** 이집트, 우르크, 라가시, 우르, 바빌론, 헤브라이, 페니키아
   2 지도에서 미케네와 트로이 사이에 있는 바다를 색칠한다.
   3 지중해 / 유럽, 아시아, 아프리카 3개 대륙
2. **1** 지도에서 그리스 본토, 크레타 섬, 소아시아, 펠레폰네소스 반도를 찾아 표시하며 위치를 익혀 둔다.
   2 미노아 문명 - 크레타 섬 / 미케네 문명 - 그리스 본토 / 트로이 문명 - 소아시아
3. 고조선 / 청동기

02. 크레타(미노아) 문명

1. 미노타우로스 이야기를 통해 크레타 섬의 황소 숭배 관습을 알 수 있다. 크레타에서 황소는 힘과 풍요로움의 상징이다.
2. 5마리 / 물고기 / 바다 생물, 크레타인들이 바다를 중심으로 생활한다는 것을 알 수 있다.
   3명 / 4송이 / 화려한 장식을 하고 있다, 웃고 있다, 즐거워 보인다.

03. 미케네 문명

1. 두 황소가 비슷하게 생겼지만 미노스 황소 조각보다 미케네 황소 조각상이 금장식이 많고 더 화려하다.
2. **1** 사자의 문 / 침입자에게 겁을 주는 상징물
   2 금 잔 / 곰 마스크 / 아가멤논 왕의 황금 마스크 / 황금으로 만들었다.
3. 청동을 다루는 기술이 뛰어나 청동으로 검과 창을 만들어 주변 도시를 정복하여 부유해졌기 때문에 화려한 보물을 남길 수 있었을 것이다.

04. 트로이 문명

1. 미케네는 트로이를 물리치고 지중해 무역을 주도하고 싶어 했다.
2. **1** 위쪽부터 제단 / 둥근 모양 우물 / 네모 모양 우물
   2 사진에서 돌로 만든 마차 길을 찾아본다. / 왕궁
3. 슐리만이 트로이 유적을 발굴했기 때문에

3차시 그리스 문명
23쪽~

01. 그리스 문명

1. 이집트 문명과 메소포타미아 문명이 지중해 지역에 전해져 에게 문명에 영향을 주었다. 에게 문명은 에게 해 지역에서 그리스 본토로 전해져 그리스 문명에 영향을 주었다.
2. 1️⃣ 도시국가
   2️⃣ 그리스 폴리스들이 지중해 지역에서 상업과 무역을 토대로 식민지를 건설했기 때문이다.
   3️⃣ 지도에서 아테네와 스파르타를 찾아본다.
3. O / O / O / X / O / O
4. 1️⃣ 발칸반도
   2️⃣ ④ 이탈리아
   3️⃣ 불가리아, 마케도니아, 알바니아, 터키
   그리스의 수도 : 아테네

02. 그리스를 묶어 주는 끈 – 폴리스

1. 아크로폴리스 : 그림 위쪽 언덕, 신에게 제사를 드리고 신의 계시를 받는 곳, 성벽 /아고라 : 그림 아래쪽 평지, 그리스인들이 생활하는 곳, 시장, 공공시설, 집회활동
2. 플라톤과 아리스토텔레스 : 그림 중앙 / 소크라테스와 알렉산더 대왕 : 그림 왼쪽 위 / 디오게네스: 그림 중앙 계단 / 피타고라스 : 그림 중앙 아래
3. ② / ① / ③

03. 그리스를 묶어 주는 끈 – 신화

1. 이집트 : 절대적이고 두려운 존재, 소, 사자, 괴물의 모습으로 표현.
   그리스 : 인간과 똑같은 모습, 인간처럼 사랑, 질투, 부부싸움을 한다.
2. 현실의 행복을 원해서 현실의 문제를 신이 도와주기를 바라기 때문에
3. 제우스 – 번개, 최고의 신 / 헤라 – 결혼, 최고의 여신 / 포세이돈 – 바다, 삼지창 / 아테나 – 지혜, 전쟁 / 디오니소스 – 술 / 데메테르 – 곡식 / 헤르메스 – 날개, 소식 / 아프로디테 – 사랑, 아름다움 / 아폴론 – 음악, 태양 / 아르테미스 – 사냥, 달 / 헤파이스토스 – 대장간 / 아레스 – 전쟁

04. 그리스를 묶어 주는 끈 – 올림픽

1. 고대 그리스의 올림피아에서 4년마다 한 번씩 제우스를 주신으로 숭앙하여 개최된 경기 / 지도에서 올림피아를 찾아본다.
2. 같은 신을 섬기는 같은 민족이라는 의식이 강했기 때문에
3. 죄를 짓지 않은 그리스 남자
4. 1️⃣ 창던지기 / 원반던지기 / 멀리뛰기
   2️⃣ 자유롭게 자신의 생각을 말해 본다.
   3️⃣ 월계관, 붉은 양털 띠, 종려나무 가지

4차시 페르시아 제국
33쪽~

01. 아시리아

1. 시리아 / 다마스쿠스
2. (위에서부터 시계 방향으로) 사냥하는 아시리아 왕의 모습 / 아시리아 기병대 /사자를 사냥하고 있는 아슈르바니팔 왕 / 계곡을 건너는 기병

02. 페르시아 제국

1. 이란 / 불가리아, 터키, 시리아, 이라크, 이집트, 이란, 우즈베키스탄, 투르크메니스탄, 아프가니스탄, 파키스탄
2. 1️⃣ 지도에서 카스피 해와 페르시아 만을 찾아본다.
   2️⃣ 지도에서 페르시아 만 근처를 표시한다.
   3️⃣ 지도에서 바빌론을 찾아본다.
   4️⃣ 유프라테스 강에 댐을 세워 강물을 한쪽으로 돌리고 바닥이 드러난 강을 따라 바빌론 성 안으로 들어갔다.
3. 메디나, 리디아, 신바빌로니아를 멸망시키고 메소포타미아 지역을 통일하고 대제국을 건설한 왕이기 때문에

03. 왕의 도시, 페르세폴리스

1. 지도에서 수사 ~ 사르데스까지 표시한다.
2. 모자를 쓰고 소를 데리고 온 바빌로니아 사신단, 황금 병을 바치러 오는 아르메니아 사신, 양을 몰고 온 아시리아 사신 / 말 : 왼쪽 첫 번째 사람, 금반지 : 왼쪽 두 번째 사람, 페르시아 : 칼

04. 페르시아 전쟁

1. 1️⃣ 지도에서 스파르타와 아테네를 찾아본다.
   2️⃣ 같은 민족이기 때문에
   3️⃣ 마라톤 전투
   4️⃣ 테르모필레 전투
   5️⃣ 살라미스 해전
   6️⃣ 그리스